# Guide De Cybersécurité Pour Les Familles Et Les Adolescents

## Outils Et Conseils Essentiels Pour Protéger Les Enfants Et Les Adolescents Des Dangers En Ligne Et Des Dépendances Numériques

*Par Joe Correa*

**Publié par Live Stronger Faster**



**Première édition**

# Table Des Matières

# Introduction

Nous élevons la première génération d'enfants qui n'a jamais connu la vie sans Internet. Dès qu'ils sont capables de tenir une tablette ou un téléphone intelligent, nos enfants sont plongés dans des expériences numériques qui façonnent leur façon de penser, de ressentir, d'interagir et d'apprendre. Les médias sociaux, les jeux en ligne, les contenus en streaming et les plateformes scolaires numériques ne sont plus facultatifs — ils font désormais partie intégrante de la vie quotidienne des enfants et des adolescents partout dans le monde. Pourtant, malgré la commodité et les possibilités offertes par ces technologies, Internet est devenu une arme à double tranchant. Avec l'accès vient l'exposition — à la cyberintimidation, aux contenus inappropriés, aux prédateurs en ligne, aux arnaques, à la désinformation et au piège invisible de la dépendance numérique.

En tant que parents et aidants, nous avons souvent l'impression de courir pour rattraper notre retard. Un jour, nous apprenons à désactiver les notifications d'une application, et le lendemain, nous entendons parler de plateformes de discussion anonymes, de vidéos hypertruquées ou de défis viraux pouvant causer des dommages bien réels. Et avec autant de nouvelles plateformes, fonctionnalités et dangers cachés qui apparaissent chaque jour, il est facile de se sentir dépassé et impuissant. Mais voici la vérité : vous n'avez pas besoin d'être un génie de la technologie pour protéger votre enfant en ligne — vous avez simplement besoin des bons outils, du bon état d'esprit et des bons conseils. Ce livre audio est conçu pour vous redonner ce pouvoir.

Vous êtes la première ligne de défense de votre enfant, et votre influence est bien plus importante que n'importe quelle application, pare-feu ou filtre. Cela dit, vous avez besoin de plus que de l'intuition. Vous devez comprendre les risques qui sont souvent cachés à la vue de tous. Vous avez besoin de stratégies pour établir des limites qui renforcent la confiance au lieu de créer du ressentiment. Et vous avez besoin de solutions pratiques — de la configuration des contrôles parentaux à la reconnaissance des signaux d'alerte — pour aider votre enfant à naviguer dans un monde numérique rempli à la fois de merveilles et de signes de danger. Considérez ce livre non pas comme un ensemble de règles rigides, mais comme un plan flexible que vous pouvez adapter à l'âge, à la personnalité et à la vie numérique unique de votre enfant.

Notre objectif est de vous aider à élever des enfants cyberintelligents — non seulement des enfants qui évitent les mauvais contenus, mais aussi des enfants qui comprennent comment évaluer l'information, protéger leur vie privée et reconnaître les habitudes malsaines. La sécurité numérique ne consiste pas seulement à éviter les menaces. Elle consiste à développer la résilience, la confiance et des habitudes saines qui serviront à votre enfant bien après son départ de la maison. De la même manière que nous apprenons aux enfants à regarder des deux côtés avant de traverser la rue, nous devons leur apprendre à réfléchir avant de cliquer, de partager ou de faire confiance à des inconnus en ligne.

Tout au long de ce livre audio, nous examinerons les menaces numériques les plus courantes — et les plus dangereuses — pour les familles, notamment la cyberintimidation, la sextorsion, les arnaques liées aux jeux vidéo, le vol d'identité et les zones les plus sombres des médias sociaux. Mais nous offrirons aussi de l'espoir : de vrais outils, de vraies conversations et de vraies façons de donner à vos enfants les moyens de devenir des citoyens numériques prudents et avertis. Nous explorerons les derniers outils de contrôle parental, mais aussi la manière de parler à votre enfant sans créer de peur ni de rébellion. Nous vous montrerons comment instaurer des habitudes saines face aux écrans, même si vous êtes déjà tombé dans un schéma de surutilisation ou de dépendance numérique. Et surtout, nous vous aiderons à incarner le type de comportement en ligne que vous souhaitez voir chez vos enfants.

La parentalité numérique ne consiste pas à surveiller constamment — elle consiste à s'engager activement. Elle consiste à créer une culture familiale où la cybersécurité, le respect numérique et les conversations ouvertes deviennent la norme. Que votre enfant ait 6 ou 16 ans, il n'est jamais trop tôt ni trop tard pour commencer. Vous pouvez commencer par de petits changements, établir des limites saines et créer un environnement positif autour de la technologie, qui favorise l'apprentissage, la créativité et les liens — tout en protégeant contre les dangers.

Le monde en ligne peut être dangereux, oui. Mais il peut aussi être stimulant, éducatif et rempli d'occasions lorsqu'il est utilisé de manière responsable. Vos enfants méritent à la fois l'accès et la protection. Ils méritent la confidentialité et l'encadrement. Et ils ont besoin de vous — maintenant plus que jamais — pour les aider à acquérir les compétences numériques essentielles que les écoles oublient souvent d'enseigner. Ce livre audio vous aidera à le faire, un chapitre à la fois. Commençons.

# Chapitre 1 : Le Monde Numérique Dans Lequel Évoluent Nos Enfants

Aujourd'hui, les enfants et les adolescents grandissent dans une réalité où Internet n'est plus simplement un outil — c'est un monde à part entière. Contrairement aux générations précédentes qui se souviennent d'une époque avant les téléphones intelligents, cette génération est immergée dans des environnements numériques depuis la petite enfance. Des applications éducatives et YouTube Kids aux jeux en ligne et aux plateformes de médias sociaux, les jeunes passent une grande partie de leur vie en ligne. Et bien que nombre de ces outils offrent de la valeur, de la créativité et des possibilités de connexion, ils comportent également des risques psychologiques et de sécurité cachés dont la plupart des parents n'ont pas pleinement conscience.

Des enfants âgés d'à peine trois ans utilisent régulièrement des tablettes et des téléphones intelligents. Beaucoup possèdent déjà leur propre chaîne YouTube, participent à des communautés de jeux vidéo et utilisent la recherche vocale pour leurs devoirs ou leurs loisirs. Lorsqu'ils atteignent la préadolescence, ils ont probablement déjà été exposés à des contenus que leurs parents considéreraient comme inappropriés pour leur âge, que ce soit intentionnellement ou accidentellement. Que ce soit par le biais du fil « Pour toi » de TikTok ou d'un lien partagé par un ami, les enfants découvrent constamment de nouveaux médias, souvent sans supervision ni contexte de la part d'un adulte.

Les interactions sociales ont également profondément changé. L'époque où les enfants jouaient simplement dehors après l'école est révolue. Aujourd'hui, les amitiés se construisent et se maintiennent grâce aux discussions dans les jeux vidéo, aux séries d'échanges sur Snapchat, aux commentaires Instagram et aux vidéos TikTok partagées. Les adolescents communiquent désormais par le biais de messages éphémères, de forums anonymes et de conversations de groupe où la pression à participer est forte, même lorsque le contenu est discutable. De nombreux parents ont du mal à suivre le jargon, les tendances et les applications utilisées par leurs enfants, ce qui crée un dangereux fossé de connaissances.

Comprendre où les enfants passent leur temps numérique est la première étape pour assurer leur sécurité. Parmi les plateformes les plus populaires auprès des enfants et des adolescents figurent YouTube, TikTok, Roblox, Discord, Snapchat et Instagram. Chacune possède sa propre culture, ses propres risques et ses propres paramètres de confidentialité — et toutes ne sont pas adaptées aux enfants, malgré les apparences. Par exemple, Roblox peut sembler inoffensif, mais ses fonctions de discussion peuvent exposer les jeunes utilisateurs à des inconnus. L'algorithme de TikTok peut mettre en avant des défis inappropriés ou dangereux. Discord, bien qu'utile pour les communautés de joueurs, est souvent peu modéré et peut exposer les adolescents à l'intimidation, à la manipulation, au harcèlement et à des contenus réservés aux adultes.

Un autre concept essentiel à comprendre est la manière dont la technologie est conçue pour créer une dépendance. De nombreuses plateformes sont développées pour exploiter les mécanismes de la dopamine, en procurant une sensation de plaisir lorsqu'un enfant reçoit une mention « J'aime », un commentaire ou gagne une partie. Cela peut entraîner des comportements compulsifs, de l'anxiété lorsqu'ils sont éloignés de leurs appareils et même des symptômes comparables au manque lorsque le temps d'écran est limité. La validation sociale s'est déplacée vers le monde numérique, et beaucoup d'enfants mesurent leur valeur personnelle au nombre de leurs abonnés ou de leurs mentions « J'aime », souvent sans même s'en rendre compte.

Les parents et les personnes responsables doivent reconnaître que la vie numérique de leur enfant fait partie intégrante de sa vie réelle. Considérer cela comme « seulement du temps d'écran » ou « simplement une phase » crée un fossé dans la communication. Au contraire, les adultes doivent s'impliquer avec curiosité plutôt qu'avec jugement. Posez des questions. Asseyez-vous à leurs côtés lorsqu'ils utilisent leurs applications. Regardez les contenus qu'ils consultent. Apprenez à connaître les jeux auxquels ils jouent. En participant à leur univers numérique, vous renforcez non seulement la confiance, mais vous gagnez également une meilleure visibilité sur les risques potentiels.

L'objectif de ce chapitre est de transformer votre façon de penser : ne considérez pas la technologie comme un simple jouet, mais comme un mode de vie. De la même manière que vous apprenez à votre enfant à traverser une rue en toute sécurité, vous devez lui apprendre à naviguer parmi les applications, les commentaires, les messages et les flux de contenu. Plus cette éducation commence tôt, plus votre enfant sera en sécurité. Il ne s'agit pas d'éliminer la technologie, mais de donner aux enfants et aux adolescents les moyens de l'utiliser avec sagesse, discernement et accompagnement.

En fin de compte, ce chapitre pose les bases de tout le reste de ce livre audio. Avant de pouvoir protéger, nous devons comprendre. Et pour comprendre, nous devons être prêts à observer, écouter et apprendre du monde même dans lequel nos enfants sont immergés. Les chapitres suivants vous guideront à travers des outils et des stratégies pratiques, mais tout commence par un geste simple : prendre la vie numérique au sérieux, tout comme nos enfants le font.

## L'Histoire De Maria

Maria s'était toujours considérée comme une mère très impliquée. Elle préparait les repas de ses enfants, les aidait à faire leurs devoirs et veillait à ce que la famille dîne ensemble la plupart des soirs. Mais ce n'est que lorsque son fils de douze ans, Ryan, rentra à la maison particulièrement silencieux un après-midi qu'elle comprit que quelque chose n'allait pas — et cela n'avait rien à voir avec l'école.

Après quelques encouragements et beaucoup de douceur, Ryan finit par lui avouer qu'il avait été insulté dans une conversation de groupe sur Discord pendant une session de jeu. Il ne s'agissait pas de simples moqueries : les attaques étaient ciblées, blessantes et provenaient de personnes qu'il considérait comme ses amis en ligne. Le pire dans tout cela ? Maria ne savait même pas qu'il utilisait Discord. Elle pensait que ses activités de jeu se limitaient à Roblox et Minecraft. Elle n'avait aucune idée des conversations privées, des messages vocaux ou de la facilité avec laquelle les enfants pouvaient passer d'un groupe à l'autre sans aucune supervision adulte.

Ce soir-là, Maria resta éveillée dans son lit à parcourir les avis sur les applications et les guides parentaux, avec le sentiment d'être une étrangère dans sa propre maison. Comment avait-elle pu passer à côté de tout cela ? À quel moment la vie numérique était-elle devenue si complexe ? En poursuivant ses recherches, elle découvrit que Ryan possédait également des comptes TikTok et Instagram. Elle avait déjà entendu parler de ces plateformes, mais n'avait jamais posé de questions. Elle avait simplement supposé que les enfants faisaient ce que font les enfants. Elle n'avait jamais imaginé que derrière ces écrans se cachait tout un univers où réputation, pression sociale et dangers coexistaient.

Plus elle apprenait, plus elle réalisait tout ce qu'elle ignorait. TikTok n'était pas seulement une plateforme de vidéos de danse. On y trouvait des tendances virales, dont certaines encourageaient des comportements risqués. Il existait des filtres capables d'amener les enfants à remettre en question leur apparence et des sections de commentaires anonymes qui pouvaient devenir cruelles en quelques secondes. Sur YouTube, les suggestions automatiques pouvaient conduire un enfant d'un dessin animé inoffensif vers un influenceur faisant la promotion de produits ou d'idéologies en seulement quelques clics. Même les jeux préférés de Ryan comportaient des fonctions de discussion, des demandes d'amis provenant d'inconnus et des achats intégrés déguisés en « cadeaux ».

Mais Maria ne céda pas à la panique — elle passa à l'action. Elle s'assit avec Ryan et lui demanda de lui faire découvrir son monde numérique. Au début, il hésita. Puis, lorsqu'elle lui promit de ne pas le gronder, de ne pas le juger et de ne pas tout lui interdire, il s'ouvrit à elle. Ensemble, ils parcoururent chaque application. Ils examinèrent les paramètres de confidentialité, bloquèrent quelques utilisateurs et définissent des limites de temps d'utilisation. Mais surtout, ils instaurèrent une nouvelle habitude : parler de sa vie en ligne comme ils parlaient de l'école, des amis et des émotions.

Au cours des semaines suivantes, Maria commença à voir la parentalité numérique sous un nouveau jour. Il ne s'agissait pas de contrôle, mais de connexion. Elle se mit à s'asseoir à côté de Ryan pendant son temps d'écran. Parfois, ils riaient ensemble devant des vidéos. Parfois, ils discutaient de contenus qui l'avaient mis mal à l'aise. Cette expérience fut révélatrice. Elle apprit à connaître l'argot, les tendances et les montagnes russes émotionnelles associées au fait d'être apprécié — ou ignoré — en ligne. Quant à Ryan, il se sentit progressivement plus en sécurité, sachant que sa mère ne cherchait pas à l'espionner, mais à le soutenir.

Leur relation se renforça, non pas parce que Maria avait tout interdit, mais parce qu'elle avait enfin compris le monde dans lequel son fils vivait. Elle le vit pour ce qu'il était réellement : un lieu bien réel, rempli à la fois de merveilles et de dangers. Et elle se promit de continuer à apprendre, à écouter et à guider, non par peur, mais par amour.

# Chapitre 2 : Les Dangers En Ligne Pour Les Enfants Et Les Adolescents

Internet est un outil puissant pour l'éducation, le divertissement et les relations sociales, mais il possède également un côté plus sombre que les parents ne peuvent pas se permettre d'ignorer. Les enfants et les adolescents sont particulièrement vulnérables en ligne parce qu'ils développent encore leurs capacités de réflexion critique, leur maîtrise émotionnelle et leur jugement. Comprendre les menaces numériques spécifiques auxquelles ils sont confrontés est essentiel pour mettre en place des protections efficaces et leur enseigner à prendre des décisions éclairées.

L'un des risques les plus fréquents — et les plus dommageables — est la cyberintimidation. Contrairement à l'intimidation traditionnelle, qui s'arrête souvent lorsque l'enfant quitte l'école, la cyberintimidation le suit jusque chez lui. Elle peut se produire par le biais de messages texte, de conversations de groupe, de commentaires sur les réseaux sociaux, de plateformes de jeux vidéo ou d'applications anonymes. Ce qui la rend encore plus destructrice, c'est sa permanence et sa portée : des publications ou des images blessantes peuvent être partagées instantanément et rester accessibles indéfiniment. Les enfants victimes de cyberintimidation n'en parlent pas toujours, c'est pourquoi les parents doivent être attentifs aux changements de comportement tels qu'un isolement soudain, une peur de se connecter ou une anxiété liée aux appareils numériques.

Les prédateurs en ligne représentent une autre préoccupation majeure. Ces individus se font souvent passer pour des camarades du même âge afin d'établir progressivement une relation de confiance avant de manipuler ou d'exploiter un enfant. Le processus de manipulation peut se produire dans les messages privés sur des plateformes comme Instagram, Discord, Snapchat ou même Roblox. Les prédateurs utilisent fréquemment des compliments, des cadeaux virtuels dans les jeux ou des centres d'intérêt communs pour gagner la confiance de leurs victimes. Avec le temps, ils peuvent demander des photos, des renseignements personnels ou même proposer une rencontre dans le monde réel. Enseigner aux enfants les dangers liés aux inconnus en ligne est tout aussi important que leur apprendre à ne pas parler à des inconnus dans la rue.

Les contenus inappropriés sont également omniprésents, et les enfants n'ont même pas besoin de les rechercher pour y être exposés. Les algorithmes peuvent les leur présenter automatiquement. Des plateformes comme TikTok, YouTube et Instagram mettent souvent en avant les contenus populaires, dont certains contiennent des grossièretés, des thèmes sexuels, la consommation de drogues, de la violence ou des défis dangereux. Même les applications destinées aux enfants peuvent être détournées pour afficher du contenu trompeur ou risqué par le biais de publicités, de pièges à clics ou de failles dans les systèmes de modération.

Une autre menace moins visible est l'exploitation des données personnelles. De nombreuses applications gratuites collectent des informations telles que la localisation, les caractéristiques de l'appareil, les habitudes de navigation et les contacts. Ces données sont souvent revendues à des tiers ou utilisées pour créer des profils psychologiques destinés à la publicité ciblée. Les enfants accordent fréquemment ces autorisations sans en comprendre les conséquences, simplement en appuyant sur « Autoriser ». Les parents doivent leur apprendre à lire attentivement les demandes d'autorisation et à comprendre que les applications gratuites ont souvent un coût caché : leur vie privée.

Les arnaques et les tentatives d'hameçonnage ciblent de plus en plus les jeunes utilisateurs, en particulier sur les plateformes de jeux vidéo et dans les messages directs. Les fraudeurs peuvent promettre de la monnaie virtuelle gratuite, des objets exclusifs ou une augmentation du nombre d'abonnés en échange d'un mot de passe ou d'un clic sur un lien. Ces stratagèmes peuvent entraîner le vol de comptes, la fraude à l'identité ou l'installation de logiciels malveillants. Les adolescents, attirés par les récompenses de jeu ou la validation sociale, peuvent facilement tomber dans le piège s'ils n'ont pas appris à reconnaître les signes avant-coureurs.

La sextorsion et le partage d'images intimes constituent parmi les risques les plus graves, notamment chez les adolescents. La pression des pairs, la curiosité ou la manipulation peuvent pousser un jeune à partager des photos privées qui seront ensuite utilisées pour le faire chanter ou diffusées sans son consentement. Dans de nombreux cas, les adolescents ressentent de la honte ou de la peur et n'osent pas en parler à un adulte. Créer un environnement ouvert où votre enfant sait qu'il peut venir vous parler sans craindre une punition immédiate est essentiel pour l'aider à surmonter ce type de situation.

Enfin, les effets sur la santé mentale constituent un danger souvent sous-estimé de l'exposition en ligne. Les comparaisons constantes sur les réseaux sociaux peuvent entraîner de l'anxiété, de la dépression, des problèmes d'image corporelle et une faible estime de soi. Les adolescents peuvent ressentir une pression permanente pour maintenir une certaine image, publier régulièrement et accumuler des mentions « J'aime » ou des abonnés. Cela peut créer un faux sentiment de valeur personnelle et contribuer à des comportements addictifs ou à des sautes d'humeur. En tant que parent, comprendre l'impact des contenus numériques sur la perception que votre enfant a de lui-même est tout aussi important que de veiller à sa sécurité physique.

L'objectif de ce chapitre n'est pas de susciter la peur, mais de développer la vigilance. Une fois que vous comprenez les menaces potentielles, vous êtes mieux préparé à apprendre à votre enfant comment les reconnaître, les éviter et y réagir. Tous les dangers évoqués ici peuvent être réduits grâce à la communication, à des limites claires et à une implication constante dans la vie numérique de votre enfant. Internet ne disparaîtra pas. Mais avec les bons outils, votre enfant peut apprendre à l'utiliser de manière intelligente et sécuritaire.

## Parlons Maintenant De Tanya Et D'Emma

Tanya était ravie lorsque sa fille Emma eut treize ans et reçut son premier téléphone intelligent. C'était une étape importante, et Tanya était convaincue de l'avoir bien préparée. Elles avaient discuté du temps d'écran, établi quelques règles de base et même installé plusieurs applications de contrôle parental. Emma était responsable, intelligente et gentille – le genre d'enfant qui semblait immunisé contre les drames en ligne. Pourtant, quelques mois plus tard, Tanya commença à remarquer de subtils changements.

Emma, autrefois souriante et bavarde, passait maintenant de longues heures enfermée dans sa chambre. Ses éclats de rire devenaient rares. Elle semblait constamment collée à son téléphone et cachait rapidement son écran lorsque sa mère approchait. Un soir, Tanya entendit des sanglots étouffés derrière la porte de sa chambre. Elle frappa doucement et, après quelques hésitations, Emma finit par se confier. Elle avait été ajoutée à une conversation de groupe sur une application de médias sociaux où des camarades partageaient des mèmes cruels et des commentaires blessants sur son apparence. Cela durait depuis des semaines. Elle n'avait rien dit à personne parce qu'elle craignait d'aggraver la situation ou de perdre son téléphone.

Le cœur de Tanya se brisa. Elle réalisa que, bien qu'elle ait abordé les aspects techniques de la sécurité en ligne, elle n'avait pas préparé Emma aux réalités émotionnelles du côté sombre d'Internet. Le lendemain, elle s'assit avec sa fille et l'écouta attentivement. Vraiment attentivement. Ensemble, elles signalèrent les actes d'intimidation, quittèrent la conversation de groupe et bloquèrent les responsables. Mais les blessures infligées à la confiance d'Emma étaient déjà bien réelles.

Quelques jours plus tard, Tanya vérifia les autres applications de sa fille et découvrit quelque chose d'encore plus inquiétant. Un inconnu lui envoyait des messages sur Discord en prétendant être un garçon de quatorze ans passionné de jeux vidéo et d'animaux – deux des centres d'intérêt préférés d'Emma. La conversation avait commencé de manière innocente, mais elle avait progressivement évolué vers des questions concernant sa vie personnelle, son emploi du temps et même des suggestions discrètes visant à obtenir des photos. Tanya intervint immédiatement, signala l'utilisateur et supprima l'application. Emma était bouleversée : elle croyait sincèrement s'être fait un nouvel ami.

Cette expérience fut un véritable électrochoc. Au cours du mois suivant, Tanya consacra du temps à apprendre tout ce qu'elle pouvait sur les dangers en ligne. Elle suivit des webinaires, lut des guides destinés aux parents et rejoignit un groupe consacré à la parentalité numérique. Elle découvrit les mécanismes de manipulation des prédateurs, la sextorsion et la façon dont certains utilisent des émojis et de l'argot pour éviter d'être détectés. Elle apprit que certains jeux contenaient des espaces de discussion non modérés et que certaines applications pouvaient accéder à la localisation d'Emma sans qu'elle ne s'en rende compte. Elle découvrit également les faux concours utilisés comme arnaques et comprit à quel point même les enfants les plus intelligents pouvaient être vulnérables.

Emma et Tanya instaurèrent alors des « conversations numériques » hebdomadaires au cours desquelles elles examinaient les applications, passaient en revue les listes d'amis et discutaient des tendances du moment. Tanya cessa de considérer la technologie comme une récompense ou une punition et commença à la voir comme un apprentissage continu. Emma, autrefois réticente, recommença à partager ouvertement ses expériences, montrant parfois à sa mère des messages étranges qu'elle recevait ou des vidéos TikTok qui la mettaient mal à l'aise.

Cela demanda du temps, mais la confiance fut reconstruite. Tanya ne chercha pas à protéger Emma du monde numérique en lui interdisant tout. Elle lui apprit plutôt à reconnaître les pièges qui s'y cachent. Ensemble, elles créèrent un espace sûr où aucun sujet n'était tabou et où aucune question n'était trop embarrassante. Emma continuait à utiliser son téléphone tous les jours, mais avec une meilleure compréhension de ce qu'il fallait éviter, des personnes auxquelles elle pouvait faire confiance et des moments où elle devait demander de l'aide.

Et Tanya ? Elle ne se considérait plus comme dépassée par la technologie. Elle avait trouvé sa place — non seulement comme mère, mais aussi comme guide dans le monde numérique complexe où sa fille grandissait. Car au final, il ne s'agissait pas de restreindre l'accès. Il s'agissait de développer la confiance et la vigilance dont Emma avait besoin pour affronter ce monde et s'y épanouir.

# Chapitre 3 : Établir Des Limites Sans Perdre La Confiance

L'un des plus grands défis auxquels les parents sont confrontés à l'ère numérique consiste à établir des limites sans provoquer de rébellion. Il s'agit d'un équilibre délicat : vous souhaitez protéger votre enfant, mais vous voulez également gagner sa confiance. Si les règles sont trop strictes, il risque de chercher à les contourner. S'il n'y a aucune règle, il peut développer des habitudes risquées. La clé ne réside pas seulement dans les limites que vous fixez, mais aussi dans la manière dont vous les établissez. Créer une structure qui semble juste, respectueuse et collaborative est beaucoup plus efficace que d'imposer des règles fondées sur la peur ou le contrôle.

Commencez par impliquer votre enfant dans la conversation. Au lieu d'annoncer simplement de nouvelles règles concernant la technologie, posez des questions qui vous aideront à comprendre comment il utilise ses appareils. « Quelles applications utilises-tu le plus ? » « Qu'est-ce que tu apprécies dans ces applications ? » « As-tu déjà vu quelque chose en ligne qui t'a mis mal à l'aise ? » Ces questions ouvrent la porte à un dialogue honnête plutôt qu'au secret. Lorsque les enfants se sentent écoutés, ils sont plus susceptibles d'accepter les limites que vous proposez et peuvent même en suggérer eux-mêmes.

Les limites doivent être adaptées à l'âge de l'enfant, flexibles et axées sur les habitudes plutôt que sur de simples restrictions de temps. Bien que des plafonds de temps d'écran, comme deux heures par jour, puissent être utiles, il est encore plus important de définir quand et comment les écrans sont utilisés. Par exemple, aucun téléphone à table pendant les repas ou après 21 heures, aucun écran pendant les devoirs, ou uniquement des jeux approuvés pendant les soirées d'école. Ces règles enseignent la structure et l'autorégulation tout en encourageant un équilibre entre la vie numérique et la vie réelle.

Une autre stratégie efficace consiste à créer un accord technologique familial — un ensemble d'attentes écrites ou verbales que tous les membres du foyer respectent, y compris les parents. Cet accord peut inclure des règles comme :

- Les appareils sont rechargés à l'extérieur des chambres pendant la nuit.
- Aucun compte secret ni application anonyme n'est autorisé.
- Nous parlons ouvertement de tout ce qui est étrange, effrayant ou inapproprié rencontré en ligne.
- Nous traitons les autres avec respect et signalons toute intimidation ou tout comportement dangereux.

Cette approche collaborative élimine le sentiment de punition et favorise plutôt un sens des responsabilités partagé. Les enfants, et particulièrement les adolescents, sont beaucoup plus susceptibles de respecter des règles qu'ils ont contribué à créer.

Les conséquences en cas de non-respect des limites doivent être claires et cohérentes, mais aussi réparatrices. Au lieu de simplement confisquer un téléphone pendant une semaine, associez la conséquence à une conversation. « Pourquoi as-tu ressenti le besoin de cacher cette application ? » ou « Que pouvons-nous faire différemment la prochaine fois pour que tu te sentes suffisamment en confiance pour m'en parler d'abord ? » Ces moments représentent des occasions d'enseigner plutôt que de simplement punir. Lorsque les règles sont appliquées avec compréhension et équité, la confiance se renforce, même après une erreur.

Il est également important d'expliquer les raisons derrière chaque limite. Les enfants ne comprennent pas toujours les véritables risques liés à une utilisation illimitée des écrans. Leur expliquer le pourquoi des règles les aide à les accepter. Par exemple :

« Nous éteignons les appareils à 21 heures parce que ton cerveau a besoin de temps pour se détendre avant de dormir. »

« Nous n'autorisons pas certaines applications parce qu'elles ne sont pas adaptées à ton âge. Elles ne filtrent pas correctement le contenu et ne protègent pas suffisamment ta vie privée. »

« Nous limitons le temps passé sur les réseaux sociaux parce qu'ils peuvent provoquer de l'anxiété et encourager des comparaisons injustes avec les autres. »

La technologie ne doit pas être considérée comme une récompense pour un bon comportement ni comme une punition pour un mauvais comportement. Cela crée des associations malsaines qui peuvent se retourner contre vous. Présentez-la plutôt comme un outil — un outil qui peut être utile, divertissant ou risqué selon la manière dont il est utilisé. Apprenez à vos enfants à réfléchir de façon critique à leurs propres habitudes : « Comment te sens-tu après avoir utilisé cette application pendant une heure ? » « Qu'aurais-tu préféré faire à la place ? » « Qu'est-ce qui te fait te sentir bien en ligne, et qu'est-ce qui ne te fait pas te sentir bien ? »

Par-dessus tout, les limites fonctionnent mieux lorsqu'il existe une communication continue. Prévoyez régulièrement des « discussions technologiques » au cours desquelles vous parlez de ce que votre enfant fait en ligne, de ce qu'il ressent et de ce qui change dans son univers numérique. Tenez-vous informé des nouvelles applications et des nouvelles tendances, et soyez prêt à adapter les règles à mesure que votre enfant grandit. Les limites ne sont pas figées — elles évoluent avec sa maturité et avec la confiance que vous accordez à son jugement.

La confiance se construit dans les deux sens. Lorsque votre enfant respecte les limites convenues, montrez-lui votre appréciation et accordez-lui davantage de liberté comme signe de respect mutuel. Lorsqu'il commet une erreur, réagissez avec patience plutôt qu'avec panique. Votre objectif n'est pas de contrôler votre enfant, mais de l'aider à développer la capacité de fixer lui-même des limites saines lorsqu'il sera indépendant.

## L'Histoire De Jake Sur La Gestion Du Temps D'Écran

Jake était un adolescent typique de quatorze ans : énergique, curieux et constamment rivé à son téléphone. Sa mère, Lauren, avait déjà essayé d'imposer des limites de temps d'écran, mais cela se terminait toujours par des disputes. Jake insistait sur le fait que ses amis pouvaient jouer aux jeux vidéo toute la nuit ou publier sur Instagram quand ils le souhaitaient. Lauren, inquiète de voir ses notes baisser et ses changements d'humeur s'aggraver, était prête à lui retirer complètement son téléphone. Pourtant, quelque chose lui disait que cette solution ne résoudrait pas le problème de fond.

Au lieu d'imposer une nouvelle règle stricte, Lauren décida d'essayer une approche différente. Un soir, elle invita Jake à s'asseoir à la table de la cuisine, non pas pour lui faire la leçon, mais pour discuter. Elle lui demanda quelles applications il utilisait le plus et pourquoi. Au début, Jake leva les yeux au ciel, convaincu qu'il allait être réprimandé. Mais lorsqu'il réalisa que sa mère l'écoutait sans le juger, il commença à s'ouvrir. Il lui expliqua que discuter avec ses amis sur Discord l'aidait à se détendre, que les vidéos amusantes sur TikTok lui donnaient le sentiment d'être connecté aux autres et que les jeux vidéo lui permettaient d'échapper au stress quotidien.

Lauren partagea ensuite son propre point de vue, non seulement en tant que mère, mais aussi en tant que personne soucieuse de son bien-être. Elle lui expliqua qu'elle le trouvait plus fatigué, plus irritable et moins intéressé par les activités qu'il aimait auparavant. Elle ne blâmait pas le téléphone ; elle voulait simplement l'aider à se sentir mieux. Ensemble, ils élaborèrent un plan. Aucun écran pendant les repas ni dans le lit. Les jeux vidéo seraient autorisés le week-end après les devoirs. Le temps consacré aux réseaux sociaux serait limité, et les appareils seraient rechargés à l'extérieur de la chambre pendant la nuit. Ce n'était pas parfait, mais c'était un début.

Ils créèrent même un accord technologique familial qu'ils

affichèrent sur le réfrigérateur. Jake participa à chaque ligne du document. Il suggéra d'instaurer une soirée sans écran chaque semaine, durant laquelle ils regarderaient un film ou joueraient à des jeux de société ensemble. Lauren accepta et promit même de ranger son propre téléphone pendant ces moments. Ce soir-là, quelque chose changea entre eux. Jake n'avait pas l'impression d'être puni. Il avait le sentiment de faire partie de la solution.

Quelques semaines plus tard, Jake fit un faux pas. Il emporta discrètement son téléphone dans son lit et resta éveillé jusqu'à deux heures du matin à discuter dans un groupe de conversation. Lorsque Lauren l'apprit, elle ne cria pas. Elle lui demanda simplement : « Pourquoi as-tu ressenti le besoin de cacher cela ? » Jake admit qu'il avait peur de manquer une conversation importante entre ses amis. Lauren hocha la tête et répondit : « Je comprends. Mais maintenant tu es épuisé, et cela m'inquiète. Voyons ensemble comment nous pouvons faire autrement. »

Ils convinrent qu'il ferait une pause de deux jours concernant les conversations nocturnes et qu'il trouverait un autre moment pour communiquer avec ses amis. Il n'aimait pas cette conséquence, mais il l'accepta. La confiance n'avait pas été brisée ; elle avait été mise à l'épreuve puis renforcée.

Lauren réalisa que sa véritable victoire ne résidait pas dans le contrôle de la technologie, mais dans le maintien d'une communication ouverte.

Avec le temps, Jake commença à gérer son temps d'écran de manière plus responsable. Il remarqua que certaines applications le rendaient anxieux et choisit parfois de se déconnecter volontairement. Bien sûr, il lui arrivait encore de rester éveillé trop tard ou de se perdre dans un défilement interminable sur les réseaux sociaux. Mais désormais, il en avait conscience. Et lorsqu'il faisait une erreur, il savait qu'il pouvait en parler à sa mère sans craindre d'être jugé ou rejeté.

Pour Lauren, la victoire fut discrète mais profonde. Elle n'avait pas simplement établi des limites. Elle avait construit un pont. Un pont fondé sur la confiance, le respect et un objectif commun : élever un adolescent capable d'affronter le monde numérique avec confiance, équilibre et maturité.

# Chapitre 4 : Les Contrôles Parentaux Et Les Outils De Surveillance

Dans un monde où les enfants sont plus connectés numériquement que jamais, les contrôles parentaux et les outils de surveillance sont devenus essentiels pour aider les familles à créer des expériences en ligne sécuritaires. Ces outils ne servent pas à espionner ni à supprimer la liberté des enfants — ils ajoutent plutôt des couches de protection, d'accompagnement et de visibilité. Lorsqu'ils sont utilisés correctement, ils soutiennent les règles et les valeurs que vous avez déjà mises en place et vous offrent une tranquillité d'esprit pendant que votre enfant explore le vaste univers numérique.

Commençons par les bases : que font réellement les contrôles parentaux ? Au minimum, ces outils permettent de gérer :

• Les limites de temps d'écran
• Les restrictions concernant les applications et les jeux
• Les filtres de navigation Web
• Les achats intégrés et les téléchargements
• Le suivi de la localisation
• L'activité sur les réseaux sociaux

• L'accès à des contenus explicites ou inappropriés pour l'âge de l'enfant

Selon l'outil choisi, vous pouvez bloquer certains sites Web, surveiller des mots-clés dans les messages, suspendre l'accès à Internet à l'heure du coucher, recevoir des alertes concernant des comportements à risque, et bien plus encore. La configuration idéale dépend de l'âge de votre enfant, de son niveau de maturité et des risques auxquels il est exposé. Elle doit toujours être accompagnée d'une communication ouverte.

Des contrôles parentaux intégrés sont disponibles sur presque tous les appareils. Par exemple :

**iOS (iPhone et iPad)** : La fonction Temps d'écran permet aux parents de fixer des limites quotidiennes, de restreindre l'accès aux applications et de consulter des rapports d'utilisation.

**Android (Google Family Link)** : Offre des limites de temps d'écran, des contrôles d'applications, l'approbation des téléchargements et le partage de la localisation GPS.

**Windows et macOS** : Les deux systèmes proposent des paramètres parentaux permettant de restreindre les téléchargements, les contenus Web et le temps passé devant l'écran.

De nombreuses consoles de jeux comme Xbox, PlayStation et Nintendo Switch disposent également de contrôles intégrés permettant de limiter le temps de jeu, les conversations en ligne et les dépenses effectuées dans les jeux.

Pour une surveillance et un filtrage plus avancés, des applications tierces offrent davantage de contrôle. Parmi les options les plus populaires :

**Bark** : Surveille les réseaux sociaux, les messages, les courriels et YouTube afin de détecter des signes de cyberintimidation, de prédation en ligne ou d'automutilation. L'application envoie des alertes sans fournir les conversations complètes.

**Qustodio** : Fournit des rapports détaillés sur l'utilisation, le blocage des applications, la gestion du temps d'écran et le suivi de la localisation.

**Net Nanny** : Offre un filtrage du contenu en temps réel, des horaires personnalisés pour le temps d'écran et des alertes concernant des recherches suspectes.

**OurPact** : Excellent pour gérer le temps d'écran et programmer les périodes d'accès aux appareils.

**Norton Family** : Comprend un filtrage Web robuste et un historique de navigation détaillé, idéal pour les enfants d'âge scolaire.

Avant d'installer quoi que ce soit, parlez-en à votre enfant. Expliquez-lui que vous ne cherchez pas à envahir sa vie privée, mais à le protéger contre des risques qu'il ne comprend peut-être pas encore pleinement. Faites de la surveillance un élément de votre accord technologique familial, avec des limites et des attentes clairement définies. Par exemple : « Nous utilisons Bark pour nous aider à détecter des choses qui pourraient nous échapper, mais nous comptons aussi sur toi pour venir nous parler lorsque quelque chose te semble étrange ou inquiétant. »

N'oubliez pas que la surveillance est plus efficace lorsqu'elle est combinée à l'éducation et à la confiance. Les outils peuvent signaler des problèmes, mais ils ne remplacent pas votre rôle de parent. Un enfant bien informé qui comprend comment utiliser la technologie en toute sécurité reste votre meilleure protection. Demandez à votre enfant quelles fonctionnalités lui semblent justes ou injustes. Ajustez les paramètres ensemble. Consultez les rapports et les alertes de manière ouverte, en les utilisant comme des occasions d'apprentissage plutôt que comme des pièges destinés à le prendre en faute.

Gardez également à l'esprit qu'aucun outil n'est infaillible. Les enfants trouvent souvent des moyens de contourner les filtres ou de créer des comptes secondaires. C'est pourquoi le dialogue permanent est essentiel. Faites savoir à votre enfant que vous êtes moins préoccupé par les erreurs qu'il pourrait commettre que par sa capacité à faire des choix sécuritaires.

Mettez en place une routine de révision mensuelle de l'utilisation des appareils, des habitudes de temps d'écran et de l'activité des applications. Faites-en une conversation, et non une confrontation. Posez des questions comme : « Quelle application utilises-tu le plus en ce moment ? Pourquoi l'aimes-tu ? Y a-t-il des aspects qui te mettent mal à l'aise ou qui te mettent de la pression ? » Ces échanges renforcent votre rôle de guide plutôt que celui de gardien.

Enfin, comprenez que votre enfant va grandir — et que vos outils doivent évoluer avec lui. À mesure qu'il démontre sa responsabilité, il est sain d'assouplir progressivement certaines restrictions et de passer d'une approche fondée sur le contrôle à une approche fondée sur la responsabilisation. L'objectif n'est pas de surveiller éternellement, mais de développer un sens des responsabilités numériques afin que votre enfant n'ait plus besoin d'une supervision constante.

Avec la bonne combinaison de technologie, de dialogue et de compassion, les contrôles parentaux deviennent ce qu'ils ont toujours été destinés à être : des outils de soutien, et non de surveillance excessive.

## L'Histoire Du Premier iPhone De Jayden

Lorsque Melissa acheta un nouvel iPhone à son fils Jayden pour son onzième anniversaire, elle ressentit à la fois de la fierté et de l'inquiétude. C'était un rite de passage qu'il attendait avec impatience depuis longtemps. Elle avait fait ses recherches et activé les contrôles parentaux intégrés d'Apple : téléchargements limités, contenu pour adultes bloqué et horaires d'utilisation définis. Pourtant, une petite voix dans son esprit continuait à lui souffler : « Est-ce vraiment suffisant ? »

Quelques mois plus tard, cette voix revint, plus forte que jamais. Jayden avait commencé à changer. Il devenait plus secret, restait éveillé tard sous sa couverture avec son téléphone et changeait rapidement d'écran lorsqu'une personne entrait dans la pièce. Melissa, inquiète, décida de consulter les paramètres Temps d'écran. Elle fut stupéfaite de découvrir qu'il avait passé six heures sur une application de messagerie dont elle ignorait totalement l'existence — une application permettant des conversations anonymes.

Cette découverte la frappa de plein fouet. Jayden était intelligent, mais il restait un enfant. Il avait trouvé le moyen de créer un second identifiant Apple et de contourner les restrictions qu'elle avait mises en place. Ce soir-là, Melissa resta assise sur son lit, le cœur battant. Elle pouvait lui retirer son téléphone. Le punir. Réinitialiser tous les paramètres. Mais elle sentait au fond d'elle-même que cela ne résoudrait pas le véritable problème.

Le lendemain matin, elle s'assit avec Jayden et lui demanda calmement de lui expliquer ce qui s'était passé. Il avoua tout. Un ami lui avait montré comment créer un identifiant Apple de secours pour télécharger des jeux et des applications sans demander la permission. Il ne cherchait pas à cacher quelque chose de grave ; il ne voulait simplement pas être le seul de son groupe à ne pas avoir accès aux « trucs cool ». Melissa l'écouta, prit une grande inspiration, puis répondit : « Merci d'avoir été honnête. Trouvons une solution ensemble. »

Ils décidèrent d'essayer un nouveau système, qui donnerait à Jayden davantage de liberté tout en maintenant la transparence. Melissa installa Bark, en lui expliquant que l'application ne la préviendrait qu'en présence de signaux d'alerte et non pour chaque message envoyé. Ils examinèrent les fonctionnalités ensemble. Jayden participa même au choix des paramètres qu'il jugeait équitables. Ils désactivèrent les applications anonymes, activèrent l'approbation des téléchargements et mirent en place des rencontres hebdomadaires où Jayden pourrait parler de ses activités en ligne et poser des questions sur les choses étranges qu'il rencontrait.

Au début, Jayden était sceptique. Mais avec le temps, ces discussions devinrent naturelles. Il commença à raconter à sa mère les défis viraux qui circulaient à l'école et les messages étranges qu'il recevait de la part d'inconnus. Lorsqu'il tomba sur une vidéo YouTube qui le mit mal à l'aise, il alla immédiatement lui en parler. Melissa comprit alors que la confiance ne venait pas du fait de surveiller chaque mouvement, mais du fait d'être présente sans être envahissante.

À mesure que Jayden gagnait en maturité, ils réévaluèrent les paramètres ensemble. Il demanda la suppression de certaines restrictions, et Melissa accepta — mais seulement après avoir discuté des risques potentiels. Un jour, Jayden rentra de l'école et dit : « Certains de mes amis utilisent de faux noms en ligne. Ce n'est pas très sécuritaire, n'est-ce pas ? » Melissa sourit. Il apprenait.

Lorsque Jayden eut treize ans, il ne se contentait plus de suivre les règles — il les comprenait. Melissa utilisait toujours des outils parentaux, mais davantage comme des garde-fous que comme des barrières. Et au cours de ce processus, leur relation s'était renforcée. Elle n'avait pas seulement élevé un utilisateur de technologie. Elle formait un véritable citoyen numérique responsable.

# Chapitre 5 : Habitudes Sécuritaires Pour Les Jeux En Ligne Et Les Réseaux Sociaux

Les jeux en ligne et les réseaux sociaux comptent parmi les activités numériques les plus populaires auprès des enfants et des adolescents. Ils offrent du divertissement, des occasions de créer des liens, de la créativité et même des possibilités d'apprentissage. Cependant, ils comportent également de nombreux risques, allant de la cyberintimidation aux atteintes à la vie privée, en passant par les mécanismes favorisant la dépendance et l'exposition à des inconnus ou à des contenus inappropriés. Apprendre aux jeunes à utiliser ces plateformes de manière responsable est essentiel pour leur bien-être numérique à long terme.

Commençons par les jeux vidéo, qui ont largement dépassé le cadre d'une expérience individuelle. Aujourd'hui, la majorité des jeux sont connectés à Internet, multijoueurs et dotés de fonctions de clavardage intégrées. Des jeux comme Roblox, Fortnite, Minecraft et Call of Duty permettent aux joueurs d'interagir en temps réel par la voix, la vidéo ou le texte. Bien que cela favorise le travail d'équipe et le sentiment d'appartenance à une communauté, cela ouvre également la porte à des comportements toxiques, à des contacts prédateurs et à des conversations non filtrées. Les enfants peuvent être exposés à un langage inapproprié, à la manipulation, à l'intimidation ou même à l'endoctrinement et au leurre en ligne, le tout sous l'apparence d'un simple jeu amical.

Pour assurer la sécurité des activités de jeu, les parents devraient commencer par se renseigner sur chaque jeu que leur enfant souhaite utiliser. Vérifiez la classification par âge, la réputation de la communauté et les options de contrôle parental disponibles. De nombreux jeux possèdent des fonctions de sécurité intégrées souvent négligées, notamment la possibilité de mettre les inconnus en sourdine, de désactiver le clavardage ou de bloquer les demandes d'amitié. Utilisez ces fonctions afin d'adapter l'environnement de jeu à l'âge et à la maturité émotionnelle de votre enfant.

Créez un horaire de jeu qui favorise des limites de temps saines et un équilibre avec les activités hors ligne. Certaines familles utilisent même un modèle de « permis de joueur », un simple accord écrit définissant les attentes, comme être respectueux envers les autres, demander la permission avant de télécharger de nouveaux jeux et éviter de discuter avec des inconnus. Vérifiez régulièrement l'historique de jeu et la liste d'amis de votre enfant. Demandez-lui avec qui il joue, de quoi ils parlent et s'il a vu quelque chose qui l'a mis mal à l'aise.

Lorsqu'il est question des réseaux sociaux, les enjeux deviennent encore plus importants. Des plateformes comme TikTok, Snapchat, Instagram et YouTube sont les endroits où les jeunes construisent leur identité numérique. Ils y partagent des vidéos, publient des égoportraits, suivent des influenceurs et interagissent avec leurs pairs. Cependant, ces plateformes sont également remplies de normes de beauté irréalistes, de défis viraux, de contenus explicites et d'une pression sociale constante pour obtenir des mentions « J'aime », des commentaires et l'approbation des autres.

Commencez par comprendre les paramètres de confidentialité de chaque plateforme. Asseyez-vous avec votre enfant et examinez son compte avec lui. Assurez-vous que son profil est privé, que le partage de localisation est désactivé et qu'il n'accepte pas de demandes d'amitié provenant d'inconnus. Vérifiez s'il suit ou est suivi par des comptes suspects ou inappropriés. Discutez de l'importance de ne pas partager d'informations personnelles, comme le nom de son école, son numéro de téléphone ou ses habitudes quotidiennes, dans les publications ou les messages.

Encouragez votre enfant à réfléchir avant de publier quoi que ce soit. Une bonne règle consiste à se demander : « Serais-tu à l'aise si cette publication était montrée à ton enseignant, à ton entraîneur ou à un futur employeur ? » Rappelez-lui qu'Internet n'oublie jamais, même si un contenu disparaît après vingt-quatre heures. Des applications comme Snapchat et les Stories Instagram peuvent créer un faux sentiment de sécurité, mais les captures d'écran et les messages enregistrés demeurent toujours un risque.

L'un des aspects les plus souvent négligés concerne la santé mentale et la comparaison sociale en ligne. Parlez à votre enfant de la façon dont les réseaux sociaux peuvent déformer la réalité. Tout le monde publie ses meilleurs moments, rarement ses journées difficiles. Les jeunes ont besoin d'aide pour comprendre que les filtres, le nombre d'abonnés et les contenus soigneusement sélectionnés ne représentent pas la vraie vie. Encouragez-les à suivre des créateurs de contenu positifs et inspirants plutôt que des comptes qui les font se sentir inadéquats.

Les jeux vidéo et les réseaux sociaux ne devraient pas être considérés comme quelque chose de « mauvais ». Ils devraient être abordés comme n'importe quel autre aspect de la vie :

avec intention et accompagnement. Posez des questions telles que :

« Qu'est-ce que tu apprécies le plus dans ce jeu ou cette application ? »

« T'es-tu déjà senti mal à l'aise en l'utilisant ? »

« As-tu déjà ressenti de la pression pour publier du contenu ou pour suivre le rythme des autres ? »

Ces questions favorisent la conscience numérique et encouragent une communication ouverte.

Par-dessus tout, montrez l'exemple. Si votre enfant vous voit faire défiler votre téléphone sans arrêt, vérifier les mentions « J'aime » ou répondre à chaque notification pendant le repas, il apprendra à faire de même. Montrez-lui comment gérer sa vie numérique avec des limites saines et du respect envers soi-même. La technologie ne disparaîtra pas, mais avec les bonnes habitudes, elle peut favoriser le développement de votre enfant plutôt que de lui nuire.

## L'Histoire De Lena

Le fils de Lena, Mateo, adorait les jeux vidéo. Dès qu'il rentrait de l'école, il courait dans sa chambre, mettait son casque, prenait sa manette et riait ou criait en jouant avec ses amis en ligne. Au début, cela ne dérangeait pas Lena. Cela semblait être un passe-temps inoffensif, une façon de se détendre après les cours. Mais après quelques mois, elle commença à remarquer des changements. Mateo se couchait de plus en plus tard, répondait sèchement à sa petite sœur et se montrait irrité chaque fois qu'elle lui demandait de faire une pause.

Un soir, après l'avoir entendu crier de colère à travers les murs, Lena jeta un coup d'œil dans sa chambre. Mateo retira rapidement son casque et tenta de changer de sujet, mais elle aperçut l'écran du clavardage du jeu. Il ne s'agissait pas simplement de plaisanteries entre amis : les messages étaient remplis d'insultes, de menaces et de pressions pour continuer à jouer. Le lendemain matin, elle s'assit avec lui au petit-déjeuner et lui demanda doucement :

« Que se passe-t-il dans tes jeux ces derniers temps ? »

Mateo soupira.

« C'est simplement comme ça que les gens parlent en ligne. Si tu pars, ils te traitent de faible. Si tu ne réponds pas, ils te chassent du groupe. »

Ces paroles frappèrent profondément Lena. Elle réalisa que son fils ne faisait pas que jouer. Il évoluait dans un monde social sans filtre, rempli de ses propres règles, hiérarchies et dangers.

Ce week-end-là, Lena approfondit ses connaissances sur la sécurité dans les jeux vidéo. Elle apprit à modifier les paramètres afin de bloquer les joueurs inconnus, de mettre les conversations toxiques en sourdine et de signaler le harcèlement. Mais surtout, elle parla avec Mateo de ce que ces jeux lui faisaient ressentir. Ensemble, ils créèrent un « code du joueur », un ensemble de règles concernant les personnes avec qui il pouvait jouer, l'heure à laquelle il devait se déconnecter et ce qu'il devait faire si quelqu'un dépassait les limites. À sa grande surprise, Mateo apprécia cette initiative. Il se sentait stressé, mais ne savait pas comment demander de l'aide sans risquer de perdre quelque chose qu'il aimait.

Peu de temps après, Mateo s'inscrivit sur Instagram. Lena était hésitante. Elle avait entendu parler de cas d'intimidation, de prédateurs en ligne et de défis dangereux. Mais elle ne voulait pas lui interdire complètement l'application ; elle voulait comprendre. Elle lui demanda donc de la lui montrer. Assis côte à côte sur le canapé, ils parcoururent ensemble son fil d'actualité. Mateo lui montra les comptes qu'il suivait, les vidéos qu'il aimait et certains messages qu'il recevait. Un commentaire provenant d'un inconnu attira leur attention : il semblait inoffensif, mais un peu trop personnel. Lena le lui fit remarquer et Mateo accepta de bloquer cet utilisateur.

Ils examinèrent ensemble les paramètres de confidentialité. Ils désactivèrent le partage de localisation, rendirent son profil privé et supprimèrent plusieurs abonnés qu'ils ne reconnaissaient pas. Lena lui rappela de ne pas publier de photos où l'on pouvait voir le nom de son école, une plaque d'immatriculation ou sa maison en arrière-plan.

« Même les petits détails », lui dit-elle, « peuvent révéler beaucoup trop d'informations. »

Avec le temps, Mateo commença à faire des choix plus réfléchis. Il évita certains défis en ligne qui le mettaient mal à l'aise. Il se mit à suivre davantage de créateurs de contenu positifs, des personnes qui le faisaient rire ou lui apprenaient quelque chose de nouveau. Et de temps en temps, il tendait son téléphone à Lena en demandant :

« Tu crois que cette publication est correcte ? »

Elle ne le jugeait jamais. Elle lui offrait simplement des conseils.

Leur relation se renforça, non seulement parce que Lena avait établi des règles, mais parce qu'elle demeura impliquée. Elle ne considéra jamais les jeux vidéo ou les réseaux sociaux comme des problèmes à résoudre. Elle les considéra comme des parties intégrantes du monde de Mateo, des endroits qu'il avait besoin d'explorer en toute sécurité avec son aide. Et Mateo ? Il ne devint pas seulement un meilleur joueur ou un utilisateur plus prudent des réseaux sociaux. Il devint plus conscient, plus confiant et plus maître de ses propres choix numériques.

# Chapitre 6 : Enseigner La Pensée Critique Et La Littératie Numérique

Dans un monde inondé d'informations, apprendre aux enfants et aux adolescents à réfléchir de manière critique en ligne n'est pas facultatif — c'est essentiel. La littératie numérique va bien au-delà de la simple capacité à utiliser un appareil. Elle consiste à savoir évaluer la crédibilité des informations, identifier les manipulations, reconnaître les arnaques et faire des choix intelligents et sécuritaires dans un environnement numérique complexe et en constante évolution.

Aujourd'hui, de nombreux jeunes savent utiliser une application avec aisance, mais ont du mal à faire la différence entre une publication commanditée et une recommandation authentique, ou entre une opinion et un fait vérifié. Les algorithmes leur présentent un flux constant de contenus soigneusement sélectionnés, dont une grande partie est conçue pour attirer l'attention, provoquer des émotions ou vendre quelque chose. Sans littératie numérique, les enfants deviennent vulnérables à la désinformation, aux pièges en ligne et aux visions déformées de la réalité.

Commencez par les bases : apprenez à votre enfant à remettre en question ce qu'il voit. Encouragez-le à réfléchir à la personne qui a créé un contenu, à la raison pour laquelle il l'a créé et à son objectif. La vidéo cherche-t-elle à informer, persuader, divertir ou manipuler ? Invitez-le à se poser des questions comme :

« Qui bénéficie du fait que cette publication devienne virale ? »

« Est-ce une source fiable ou simplement l'opinion de quelqu'un ? »

« Cette image semble-t-elle modifiée ou sortie de son contexte ? »

Lorsque les enfants apprennent à poser ces questions, ils développent des filtres mentaux qui les aident à distinguer le vrai du faux — une compétence avec laquelle même de nombreux adultes éprouvent des difficultés.

Les arnaques et les tentatives d'hameçonnage ciblent de plus en plus les jeunes utilisateurs. Elles peuvent prendre la forme de faux concours, de liens suspects, de messages promettant un enrichissement rapide ou de personnes se faisant passer pour des amis. Enseignez à votre enfant que si quelque chose semble trop beau pour être vrai, c'est probablement le cas. Montrez-lui comment repérer les signaux d'alarme tels que les messages urgents (« Agissez maintenant ! »), les fautes de grammaire ou les demandes d'informations personnelles.

Mettez en scène des situations fictives afin qu'il sache comment réagir lorsqu'un inconnu l'aborde en ligne.

Ensuite, expliquez le concept de permanence numérique. Aidez votre enfant à comprendre qu'une fois qu'un contenu est publié, même s'il est supprimé, il peut être enregistré, capturé par une capture d'écran ou partagé sans son contrôle. Apprenez-lui à penser à long terme : serait-il à l'aise si cette publication réapparaissait dans dix ans ? Encouragez-le à éviter de partager des photos sensibles, des informations privées ou des réactions émotionnelles qui pourraient être utilisées contre lui plus tard.

Les mots de passe constituent un autre élément fondamental de la littératie numérique. De nombreux enfants réutilisent le même mot de passe sur plusieurs plateformes ou utilisent des combinaisons simples faciles à deviner. Apprenez-leur à créer des mots de passe robustes et expliquez-leur pourquoi ils ne doivent jamais les partager, même avec leurs amis. Si leur âge le permet, présentez-leur les gestionnaires de mots de passe ou encouragez-les à conserver leurs mots de passe dans un endroit physique sécurisé.

Apprenez également la différence entre les conversations privées et publiques. Les applications de messagerie, les discussions de groupe et les forums peuvent sembler privés, mais beaucoup ne sont ni chiffrés ni réellement sécurisés. Les enfants doivent savoir que tout ce qu'ils écrivent peut être vu, enregistré ou divulgué. Aidez-les à comprendre que l'anonymat en ligne ne les rend pas invisibles, et certainement pas invincibles.

Un autre aspect important de la littératie numérique est la gestion des émotions. De nombreuses plateformes sont conçues pour provoquer des réactions — colère, jalousie, indignation — afin de maintenir l'engagement des utilisateurs. Apprenez aux enfants à faire une pause avant de répondre, de cliquer ou de partager. Si quelque chose les rend contrariés ou confus, encouragez-les à en discuter avec un adulte de confiance. Aidez-les à reconnaître comment leur humeur peut être influencée par le contenu en ligne et à savoir quand il est préférable de se déconnecter afin de protéger leur bien-être mental.

Intégrez la littératie numérique dans la vie quotidienne. Regardez des vidéos ensemble et discutez de leur crédibilité. Montrez-leur comment vérifier des informations à l'aide de sources fiables. Analysez les publications d'influenceurs et discutez des stratégies marketing qu'ils utilisent. Lorsque vous prenez des décisions basées sur des recherches en ligne — comme consulter des avis ou lire des nouvelles — expliquez votre démarche. Vous ne faites pas que guider leurs actions ; vous leur montrez comment réfléchir.

Enfin, valorisez la curiosité. Lorsque votre enfant vous apporte une publication étrange, un message confus ou une affirmation incroyable et vous demande : « Est-ce vrai ? », célébrez ce moment. Cette question représente le point de départ de la pensée critique — et la défense la plus puissante que votre enfant pourra jamais posséder dans un monde numérique qui n'est pas toujours ce qu'il semble être.

## L'Histoire D'Ava Et De La Vidéo Des 10 000 Dollars

Ava, douze ans, était assise sur le canapé à faire défiler TikTok lorsqu'elle poussa une exclamation.

« Maman, regarde ! Ce gars dit qu'on peut gagner 10 000 dollars en une seule journée simplement en cliquant sur un lien et en regardant des vidéos ! »

Sa mère, Rachel, jeta un coup d'œil à l'écran et leva un sourcil. La vidéo était tape-à-l'œil : beaucoup d'argent, de grandes promesses et un influenceur qui parlait rapidement en affirmant posséder une méthode secrète. Ava était intriguée. Rachel, elle, était préoccupée.

Au lieu de rejeter immédiatement l'idée, Rachel s'assit à côté de sa fille et dit :

« Regardons cela ensemble. »

Elles visionnèrent la vidéo une seconde fois, en l'arrêtant toutes les quelques secondes.

« As-tu remarqué combien de fois il dit "fais-moi confiance" ? » demanda Rachel. « Ou le fait qu'il n'explique jamais réellement comment cela fonctionne ? »

Ava acquiesça.

« Oui... et les commentaires sont désactivés. »

Ce soir-là, Rachel montra à Ava comment effectuer une recherche inversée d'images et comment consulter les profils des utilisateurs. Elles découvrirent que le compte n'existait que depuis une semaine et qu'il contenait des dizaines de publications identiques utilisant différents visages et différents noms — une stratégie classique d'arnaque.

Ava était stupéfaite.

« Je n'avais aucune idée que des gens inventaient ce genre de choses juste pour obtenir des vues », dit-elle. « Je pensais que TikTok avait des règles. »

Rachel répondit :

« C'est le cas, mais tout n'est pas détecté immédiatement. C'est pourquoi il est important d'examiner les choses attentivement. »

Quelques jours plus tard, Ava reçut un message sur sa plateforme de jeu lui proposant de la monnaie virtuelle gratuite en échange de ses identifiants de connexion. Se souvenant de ce qu'elle avait appris, elle ignora le message et alla immédiatement voir Rachel. Ensemble, elles signalèrent l'utilisateur et changèrent le mot de passe d'Ava par mesure de précaution. Rachel profita de l'occasion pour expliquer que les fraudeurs se font souvent passer pour des développeurs de jeux ou des joueurs populaires afin de tromper les autres.

Peu de temps après, Ava commença à repérer seule les contenus suspects. Lorsque son amie Mia lui envoya une publication annonçant un prétendu concours organisé par une célébrité promettant un iPhone gratuit, Ava répondit :

« C'est faux. Regarde les fautes d'orthographe et la photo de profil. Ce compte n'a même pas de badge de vérification. »

Elle devint rapidement la « détective numérique » de son groupe d'amis, remettant en question les tendances, vérifiant les sources et enseignant même à ses camarades comment reconnaître les fausses nouvelles.

Un après-midi, Ava rentra à la maison tout excitée.

« Aujourd'hui, nous avons parlé des hypertrucages à l'école ! Mais je connaissais déjà le sujet grâce à nos discussions. »

Rachel sourit. Quelques semaines auparavant, elles avaient regardé ensemble une vidéo montrant à quel point les visages générés par l'intelligence artificielle pouvaient sembler réalistes. Elles avaient discuté du fait qu'il était à la fois fascinant et inquiétant qu'une personne puisse sembler dire quelque chose qu'elle n'avait jamais réellement dit. Maintenant, Ava se sentait préparée, et non paranoïaque.

Leurs conversations devinrent une habitude. Lorsqu'Ava voulait télécharger une nouvelle application, elles examinaient ensemble les autorisations demandées. Lorsqu'une vidéo la perturbait, elles discutaient des raisons pour lesquelles elle l'avait affectée et se demandaient si elle était manipulatrice. Rachel ne jugeait jamais sa fille et ne réagissait pas de manière excessive. Elle l'aidait à réfléchir.

Avec le temps, l'instinct d'Ava s'affina. Elle commença à se poser des questions à voix haute avant de cliquer sur quoi que ce soit :

« Quel est l'objectif ici ? »

« Qui a créé cela ? »

« Est-ce que cela pourrait être faux ? »

Un soir, alors que Rachel parcourait elle-même les réseaux sociaux, elle s'arrêta sur un titre et le montra à sa fille :

« Des extraterrestres confirmés grâce à des images secrètes divulguées par la NASA. »

Ava leva un sourcil.

« Cette police de caractères est typique des pièges à clics. Et le nom du site ressemble à une blague. »

Rachel éclata de rire.

« Je crois que tu commences à me déteindre dessus. »

En guidant Ava à travers la jungle numérique avec curiosité et esprit critique, Rachel avait accompli quelque chose de plus puissant que l'établissement de règles : elle avait construit un filtre dans l'esprit de sa fille. Un filtre qui questionne, analyse et comprend. Un filtre qui protégera Ava longtemps après la disparition des contrôles parentaux. Un filtre qu'aucun pirate ne pourra jamais contourner.

# Chapitre 7 : Gérer La Dépendance Aux Écrans Et L'Épuisement Numérique

La dépendance aux écrans est une épidémie moderne — et elle touche les enfants et les adolescents plus que tout autre groupe d'âge. Bien que les appareils numériques soient essentiels pour l'école, la communication et le divertissement, leur utilisation excessive peut entraîner des troubles du sommeil, une baisse des performances scolaires, une difficulté à gérer les émotions et même des problèmes de santé physique tels qu'une mauvaise posture et la fatigue oculaire. Mais le problème le plus profond est souvent psychologique : une dépendance à la stimulation numérique, à la validation sociale et à la gratification instantanée.

Comprendre la science qui se cache derrière la dépendance aux écrans aide les parents à réagir avec empathie plutôt qu'avec frustration. La plupart des applications et des jeux sont intentionnellement conçus pour créer une forme de dépendance. Des fonctionnalités comme le défilement infini, la lecture automatique, les notifications instantanées et les systèmes de récompense déclenchent la libération de dopamine dans le cerveau — le même neurotransmetteur associé au plaisir ressenti lors d'activités comme manger ou gagner un jeu. Pour un cerveau en développement, cette boucle de rétroaction peut être particulièrement puissante, entraînant les enfants à rechercher constamment le prochain « plaisir » procuré par une mention « J'aime », un message ou une victoire dans un jeu.

La première étape pour gérer la dépendance aux écrans consiste à reconnaître les signes avant-coureurs. Ceux-ci peuvent inclure :

• L'irritabilité ou l'anxiété lorsqu'ils sont séparés de leurs appareils.

• Une perte d'intérêt pour les activités hors ligne.

• Le fait de cacher du temps d'écran ou de mentir à propos de son utilisation.

• Des difficultés à dormir ou un réveil constant avec de la fatigue malgré de longues heures passées au lit.

• Une difficulté à se concentrer ou à terminer une tâche sans vérifier un appareil.

Une fois que vous avez identifié un usage potentiellement excessif, résistez à l'envie de blâmer ou de punir. Ouvrez plutôt le dialogue. Vous pourriez dire : « J'ai remarqué que tu sembles plus fatigué ces derniers temps. Penses-tu que cela pourrait être lié au temps que tu passes sur ton téléphone le soir ? » ou encore : « Tu aimais beaucoup jouer dehors après l'école. Est-ce que les écrans ont pris la place de certaines de ces activités ? »

Créez un plan d'équilibre technologique qui favorise la modération plutôt qu'une privation forcée. Ce plan peut inclure :

- Des zones et des moments sans technologie, comme les chambres à coucher, la table du repas ou les sorties familiales.
- Des périodes de temps d'écran réservées aux loisirs, distinctes du temps consacré aux devoirs ou à l'école.
- Des activités de remplacement telles que les jeux de société, les sports, les loisirs créatifs ou les événements sociaux ne nécessitant pas d'écran.
- Un couvre-feu numérique, par exemple aucune utilisation d'écran pendant l'heure précédant le coucher.

Soyez transparent quant aux raisons qui justifient ces limites. Par exemple :

« Les écrans avant le coucher perturbent la capacité de ton cerveau à s'endormir. »

« Faire des pauses loin des appareils améliore la concentration et l'énergie. »

« Notre esprit a besoin de moments hors ligne pour se reposer et assimiler ce qui s'est passé durant la journée. »

Montrer l'exemple en tant que parent est l'une des stratégies les plus efficaces. Les enfants observent la manière dont les adultes utilisent la technologie. S'ils vous voient constamment sur votre téléphone pendant les repas ou consulter votre appareil dès votre réveil, ils adopteront probablement les mêmes habitudes. Faites preuve d'autodiscipline en établissant vos propres limites, par exemple en rangeant votre téléphone pendant les moments en famille ou en utilisant des outils de suivi du temps d'écran.

Envisagez également des défis de déconnexion numérique à l'échelle familiale. Essayez un « dimanche sans écran » ou une soirée sans technologie chaque semaine. Transformez cela en un rituel agréable : jouez à des jeux de cartes, faites une promenade, cuisinez ensemble ou lisez à voix haute. Lorsque les pauses numériques sont plaisantes et régulières, elles aident le cerveau à redécouvrir le plaisir des expériences réelles.

La technologie ne disparaîtra pas et ne doit pas être perçue comme une menace. L'objectif est de développer une résilience numérique — la capacité de profiter des avantages de la technologie sans en devenir dépendant. Pour certains enfants, il peut également être nécessaire d'explorer les causes sous-jacentes. Votre enfant utilise-t-il les écrans pour échapper à l'ennui, au stress ou à la solitude ? Si c'est le cas, abordez ces difficultés avec bienveillance et, si nécessaire, consultez un conseiller ou un professionnel de la santé mentale.

Enfin, suivez les progrès sans tomber dans l'obsession. Utilisez les rapports de temps d'écran disponibles sur les appareils de votre enfant pour repérer les tendances et les améliorations. Célébrez les petites victoires, comme « trois jours sans utiliser d'appareil avant de dormir » ou « remplacer une heure de défilement sur les réseaux sociaux par du dessin ou de la lecture ». Avec le temps, ces petits changements produisent des résultats durables.

Gérer la dépendance aux écrans ne consiste pas à retirer quelque chose à votre enfant — il s'agit plutôt de lui redonner quelque chose : du repos, de la concentration, des liens humains, de la créativité et la tranquillité d'esprit.

**L'Histoire De L'Utilisation Nocturne Du Téléphone Intelligent De Zoé**

Chaque soir, vers vingt-deux heures, Lisa passait devant la chambre de sa fille et apercevait la lumière d'un écran à travers la porte entrouverte. Zoé, âgée de douze ans, était censée dormir à vingt et une heures trente, mais la plupart du temps, elle était plongée dans des vidéos TikTok, riant discrètement, les yeux grands ouverts sous l'effet de la stimulation constante. Le matin, Zoé était fatiguée, irritable et distraite. Les devoirs restaient inachevés. Les repas en famille se déroulaient dans le silence. Quelque chose avait changé.

Lisa savait que sa fille adorait son téléphone. C'était son principal moyen de communiquer avec ses amis, de recevoir des nouvelles de l'école et de suivre ses influenceurs préférés. Mais ce qui avait commencé comme un simple divertissement ressemblait de plus en plus à une dépendance. Un soir, après que Zoé lui eut répondu sèchement pour une question pourtant banale, Lisa décida d'avoir une conversation sincère avec elle.

Au lieu de la gronder, elle s'assit à côté de sa fille et lui dit :

> « J'ai remarqué que tu n'es plus tout à fait toi-même ces derniers temps. Est-ce qu'on peut parler du temps que tu passes sur ton téléphone le soir ? »

Zoé ne répondit pas immédiatement. Après un long silence, elle murmura :

> « Je n'arrive pas à dormir sans lui. C'est comme si mon cerveau refusait de s'arrêter. »

Lisa ressentit une immense compassion. Sa fille ne se comportait pas mal ; elle était simplement dépassée.

Le lendemain, elles élaborèrent ensemble un plan. Elles installèrent un petit panier dans la cuisine où tous les appareils seraient déposés à vingt et une heures — y compris celui de Lisa.

« Si nous le faisons toutes les deux, ce sera plus facile », promit-elle.

Elles achetèrent un réveil amusant afin que Zoé n'ait plus besoin de son téléphone dans son lit. Elles créèrent également une liste d'activités relaxantes à faire avant le coucher : s'étirer, écrire dans un journal, lire ou écouter de la musique apaisante.

Les premières nuits furent difficiles. Zoé tendait instinctivement la main vers son téléphone imaginaire. Mais à la fin de la semaine, elle admit qu'elle se sentait mieux le matin. Son humeur s'améliora. Elle riait davantage. Elle recommença même à dessiner, une activité qu'elle avait abandonnée depuis plusieurs mois.

Elles instaurèrent également les « Mardis Sans Technologie ». Chaque semaine, après le souper, toute la famille rangeait ses appareils pendant deux heures. Au début, la situation semblait étrange. Ils se retrouvaient face à face sans écrans pour les distraire. Puis ils commencèrent à jouer aux cartes, à cuisiner de nouvelles recettes et à raconter des histoires. Cette habitude devint rapidement l'un de leurs rituels familiaux préférés.

Lisa alla encore plus loin en installant une application de suivi du temps d'écran sur leurs deux téléphones. Chaque dimanche soir, elles consultaient les statistiques ensemble.

« Waouh, tu as passé cinq heures sur YouTube vendredi ? » disait Lisa avec un sourire, sans jugement.

Zoé levait les yeux au ciel en riant.

« D'accord, d'accord… je vais me calmer cette semaine. »

Elles commencèrent à considérer cela comme un jeu, une façon de rester conscientes de leurs habitudes plutôt qu'un moyen de se faire honte.

Peu à peu, Zoé commença à fixer ses propres limites. Elle supprima certaines applications qu'elle trouvait trop addictives. Elle désactiva les notifications pendant les heures de classe. Elle convainquit même deux de ses amies d'essayer les « Vendredis Sans Téléphone ». Les changements dans son énergie, sa concentration et sa créativité étaient évidents.

Un soir, Zoé était assise sur le porche avec son carnet à

dessins, esquissant tranquillement quelques croquis. Lisa s'assit à côté d'elle, sans téléphone, profitant simplement de la brise.

Zoé se tourna vers sa mère et dit :

« C'est étrange. Je pensais qu'être hors ligne me rendrait ennuyée. Mais en fait, c'est plutôt… apaisant. »

Lisa sourit.

« C'est ça, la magie de l'équilibre. »

# Chapitre 8 : Construire Une Culture Durable De Cybersécurité À La Maison

Protéger les enfants et les adolescents en ligne ne repose pas sur des paramètres configurés une seule fois ou sur quelques conversations isolées — il s'agit de bâtir une véritable culture de cybersécurité à long terme à la maison. Cela signifie créer un environnement familial où la cybersécurité, la protection de la vie privée, l'équilibre numérique et la communication sont des valeurs pratiquées quotidiennement par tous les membres de la famille, et non simplement des règles imposées aux enfants. Lorsque les familles considèrent la sensibilisation numérique de la même manière que le brossage des dents ou le port de la ceinture de sécurité, celle-ci devient une habitude naturelle.

La base de cette culture est une communication constante. La cybersécurité devrait être un sujet de discussion régulier et non quelque chose qui n'est abordé qu'en cas de problème. Planifiez des « vérifications numériques » mensuelles ou bimensuelles afin de discuter des nouvelles applications, des activités récentes, des centres d'intérêt qui évoluent ou des mises à jour des règles technologiques familiales. Posez des questions ouvertes comme :

« Quelle est ton application préférée en ce moment et pourquoi ? »

« As-tu vu quelque chose en ligne qui t'a semblé étrange ou qui t'a mis mal à l'aise ? »

« Existe-t-il de nouvelles tendances ou expressions que je devrais connaître ? »

L'important est de rester curieux, et non critique. Votre objectif est de créer un climat où les enfants se sentent en sécurité lorsqu'ils parlent de leur vie numérique, y compris de leurs erreurs. Faites-leur savoir que s'ils cliquent accidentellement sur quelque chose de dangereux, reçoivent un message inquiétant ou se retrouvent mêlés à un conflit en ligne, ils peuvent venir vous en parler sans craindre d'être punis ou jugés.

Ensuite, adaptez vos règles technologiques et vos limites à mesure que vos enfants grandissent. Ce qui convient à un enfant de neuf ans ne fonctionnera probablement pas pour un adolescent de quatorze ans. En grandissant, impliquez-les dans l'établissement de leurs propres limites. Cela favorise le sens des responsabilités et les aide à comprendre les raisons qui motivent les mesures de sécurité. Par exemple, vous pourriez permettre à un adolescent d'utiliser certaines plateformes de médias sociaux avec une utilisation surveillée et des révisions régulières, tandis qu'un enfant plus jeune pourrait n'avoir accès qu'à des plateformes sélectionnées avec des contrôles parentaux stricts.

Faites de la cybersécurité une valeur familiale partagée et non seulement une règle parentale. Laissez vos enfants vous voir utiliser des outils de protection comme les gestionnaires de mots de passe, l'authentification multifacteur et les réseaux privés virtuels (VPN). Parlez-leur de la manière dont vous gérez les courriels indésirables, les tentatives d'hameçonnage et les liens suspects. Lorsqu'ils constatent que même les adultes doivent rester vigilants, ils comprennent que la sécurité numérique est une habitude à adopter toute la vie.

Une stratégie particulièrement efficace consiste à créer une « Charte Numérique Familiale », affichée dans un endroit visible de la maison. Cette charte peut inclure des principes tels que :

• Nous parlons ouvertement de nos expériences en ligne.

• Nous prenons des pauses loin des écrans pour profiter de la vie hors ligne.

• Nous réfléchissons avant de partager des informations personnelles.

• Nous demandons la permission avant de publier des photos des membres de notre famille.

• Nous signalons tout comportement dangereux ou malveillant observé en ligne.

Renforcez ces principes par des encouragements positifs. Félicitez votre enfant lorsqu'il prend une bonne décision, comme ignorer un message frauduleux ou aider un ami à améliorer ses paramètres de confidentialité. Célébrez les réussites numériques de la même façon que vous célébreriez une réussite scolaire ou sportive.

Restez également informé. Abonnez-vous aux bulletins d'information d'organisations spécialisées dans la sécurité en ligne, participez aux webinaires proposés par les écoles ou suivez des experts en parentalité numérique. La technologie évolue rapidement : de nouvelles applications, de nouveaux jeux et de nouvelles arnaques apparaissent chaque semaine. Une culture familiale axée sur la sécurité implique d'apprendre et de s'adapter ensemble.

Intégrez la cybersécurité à l'éducation aux compétences de vie. De la même manière que vous enseignez à vos enfants la gestion de l'argent, les relations ou la cuisine, assurez-vous qu'ils comprennent la protection des données personnelles, la détection des fraudes, l'étiquette en ligne et le bien-être mental dans l'univers numérique. Apprenez-leur à postuler à un emploi en ligne de façon sécuritaire, à gérer les commentaires négatifs avec assurance et à protéger leur réputation numérique en grandissant.

Et souvenez-vous que votre propre comportement constitue la leçon la plus puissante. Si vous paniquez chaque fois qu'un problème survient ou si vous faites honte à votre enfant lorsqu'il commet une erreur liée à la technologie, vous risquez de couper la communication. Mais si vous restez calme, orienté vers les solutions et empathique, vous bâtirez la confiance nécessaire à une sécurité durable.

Construire une culture de cybersécurité ne consiste pas à atteindre la perfection, mais à faire preuve de constance. Il s'agit de choisir l'engagement plutôt que l'ignorance, l'enseignement plutôt que le contrôle et l'autonomisation plutôt que la restriction. Lorsque la sécurité devient une mission collective plutôt qu'une responsabilité individuelle, toute la famille en bénéficie.

## L'Histoire De La Famille Chen

La famille Chen avait toujours été très à l'aise avec la technologie. Leurs enfants, Leo, âgé de dix ans, et Maya, âgée de quatorze ans, avaient grandi entourés de tablettes, de consoles de jeux et de téléphones intelligents. Leur père travaillait dans le domaine des technologies de l'information.

Leur mère utilisait quotidiennement son ordinateur portable pour son travail et ses formations en ligne. Ils formaient un foyer profondément connecté, mais récemment, quelque chose semblait ne plus fonctionner harmonieusement.

Maya était devenue très secrète avec son téléphone. Leo passait des heures sur Roblox. Les conversations pendant le repas se transformaient régulièrement en disputes concernant le temps d'écran. Puis, un soir, Maya éclata en sanglots à cause d'un commentaire sur TikTok sans vouloir expliquer ce qui s'était passé. C'est à ce moment-là que leur mère, Aileen, comprit qu'un changement était nécessaire.

Au lieu d'interdire les appareils ou de renforcer les restrictions, Aileen proposa une nouvelle idée au petit-déjeuner :

« Créons un plan numérique familial. Pas des règles, mais des valeurs. Des principes sur lesquels nous sommes tous d'accord afin d'utiliser la technologie sans qu'elle nous contrôle. »

Au début, les enfants étaient sceptiques.

« Tu vas nous obliger à tout supprimer », lança Maya.

« Pas du tout », répondit Aileen. « Mais nous allons commencer à parler de tout cela ensemble. »

Cette fin de semaine-là, toute la famille se réunit dans le salon et rédigea une « Charte Numérique Familiale » sur une grande affiche. Chacun contribua :

« Pas de téléphone à table. » (L'idée de Leo)

« Demander la permission avant de publier des photos des autres. » (La demande de Maya)

« Aucun écran après 21 h. » (Les parents acceptèrent de respecter cette règle eux aussi)

« Si quelque chose en ligne nous inquiète ou nous met mal à l'aise, nous en parlons à quelqu'un. »

Ils accrochèrent l'affiche près du réfrigérateur. Puis, ils instaurèrent les « Dimanches Numériques » : une réunion familiale de trente minutes toutes les deux semaines pour discuter de ce que chacun regardait, jouait ou vivait en ligne.

Maya expliqua que certaines tendances TikTok la rendaient anxieuse. Leo demanda pourquoi il voyait des publicités pour des choses dont il avait parlé à voix haute. Leur père expliqua comment les téléphones collectent des données et leur montra comment désactiver le suivi de localisation.

Rapidement, ces conversations devinrent naturelles. Un soir, Maya vint voir sa mère et lui dit :

« Une fille de mon école se fait intimider dans une discussion de groupe. Qu'est-ce que je devrais faire ? »

Une autre fois, Leo montra fièrement à sa mère qu'il avait ignoré un message promettant des Robux gratuits en échange d'un clic. Il aida même son cousin à signaler un faux compte de jeu.

Les parents donnèrent l'exemple. Aileen commença à laisser son téléphone dans la cuisine la nuit. Leur père supprima plusieurs applications sociales qui lui faisaient perdre trop de temps. Tous deux parlèrent ouvertement de leurs propres difficultés à maintenir un équilibre numérique et de l'importance de se déconnecter régulièrement.

La famille créa même une liste d'activités hors ligne qu'elle souhaitait essayer ensemble : faire de la randonnée, peindre, cuisiner et aménager un jardin dans la cour arrière. Peu à peu, l'ambiance de la maison changea. La technologie n'était plus l'ennemi. Elle n'était plus qu'un élément parmi d'autres de leur quotidien, sans en prendre le contrôle.

À la fin de l'année scolaire, les enfants Chen n'étaient pas parfaits, mais ils étaient beaucoup plus conscients des enjeux numériques. Maya aidait ses camarades à sécuriser leurs comptes Instagram. Leo passait davantage de temps à écrire des histoires qu'à jouer à des jeux vidéo tous les après-midis. Lorsque les bulletins scolaires arrivèrent, Aileen ajouta une note sur le réfrigérateur :

**« Champions De La Cybersécurité – Toute La Famille Obtient Un A+ »**

Car dans la maison des Chen, la sécurité numérique n'était pas une conversation unique. C'était un mode de vie fondé sur la confiance, le travail d'équipe et l'objectif commun de grandir intelligemment, avec force et en toute sécurité dans un monde connecté.

# Chapitre 9 : Préparer Les Adolescents À Une Vie Numérique Autonome

À mesure que les enfants deviennent adolescents et se préparent à entrer dans l'âge adulte, votre rôle évolue : vous passez du statut de protecteur direct à celui de conseiller de confiance. Vous les avez aidés à développer des habitudes sécuritaires, mais il est maintenant temps de les aider à développer un jugement numérique autonome – celui qu'ils utiliseront lorsqu'ils seront loin de la maison, hors du cadre scolaire ou lorsqu'ils géreront eux-mêmes leurs appareils, leurs finances et leurs relations. Ce chapitre porte sur l'autonomisation de votre adolescent afin qu'il puisse réfléchir, agir et réagir de manière responsable en ligne, sans supervision constante.

Commencez par passer des règles aux valeurs. Dans les premières années, les limites reposent sur des restrictions : « Pas d'écran après 21 h » ou « Seulement les applications approuvées ». Mais à mesure que les adolescents gagnent en maturité, les valeurs deviennent plus efficaces que les ordres. Ces valeurs incluent l'intégrité numérique, la responsabilité personnelle, l'intelligence émotionnelle et l'empathie en ligne. Au lieu d'énumérer des règles, posez des questions comme :

« Quel type de présence numérique souhaites-tu créer ? »

« Que ferais-tu si quelqu'un te mettait de la pression pour partager quelque chose de privé ? »

« Comment réagirais-tu si un ami publiait quelque chose avec lequel tu n'es pas d'accord ? »

Encouragez-les à créer leur propre « code numérique » – une courte liste de principes qu'ils s'engagent à respecter en ligne. Par exemple :

- Je ne partagerai pas d'informations personnelles sans y réfléchir à deux fois.
- Je n'utiliserai pas de plateformes anonymes pour dire des choses que je ne dirais pas en personne.
- Je prendrai position lorsque je serai témoin d'intimidation, même si cela me met mal à l'aise.
- Je prendrai des pauses numériques lorsque je me sentirai épuisé ou dépassé.

Ensuite, commencez à les préparer aux situations technologiques réelles auxquelles ils seront bientôt confrontés :

**Achats en ligne :** Apprenez-leur à reconnaître les faux magasins, les systèmes de paiement sécurisés et les dangers liés à l'enregistrement des informations bancaires dans des applications peu fiables.

**Demandes d'emploi :** Montrez-leur comment supprimer les contenus inappropriés de leurs réseaux sociaux et se présenter de manière professionnelle en ligne.

**Réseaux Wi-Fi publics :** Expliquez les risques liés à la connexion à des comptes sur des réseaux non sécurisés et l'utilité des VPN lorsque cela est nécessaire.

**Arnaques numériques :** Passez en revue les tactiques courantes telles que les fausses offres de stage, les courriels de réinitialisation de mot de passe « urgents » et les tentatives d'hameçonnage par message texte ou message privé.

Apprenez-leur à examiner de manière critique leur empreinte numérique. Faites une recherche de leur nom ensemble sur Internet. Que trouvez-vous ? Leurs comptes sont-ils publics ou privés ? Une personne pourrait-elle facilement découvrir leur école, leur adresse ou leur emploi du temps à partir de leurs publications ou de leurs photos ? Cet exercice est particulièrement puissant pour démontrer que l'Internet se souvient de tout et pour les aider à construire une identité numérique plus intentionnelle.

Aidez votre adolescent à développer sa résilience face aux conflits. Il sera inévitablement confronté à des disputes en ligne, à l'exclusion de discussions de groupe, au rejet ou même au harcèlement. Au lieu de lui dire quoi faire, posez-lui des questions :

« Comment cela t'a-t-il fait sentir ? »

« Quelle réponse te semble la plus respectueuse ? »

« Que souhaiterais-tu que quelqu'un fasse s'il était à ta place ? »

Ces questions lui permettent de réfléchir, de prendre du recul et de faire de meilleurs choix. Rappelez-lui également que partir, mettre quelqu'un en sourdine ou bloquer un utilisateur constitue souvent la réponse la plus intelligente.

Vous devriez aussi aborder l'hygiène émotionnelle numérique – la pratique régulière qui consiste à faire le ménage dans son environnement numérique et à protéger sa santé mentale en ligne. Encouragez votre adolescent à se désabonner des comptes qui le rendent anxieux ou peu sûr de lui, à supprimer les applications qu'il n'utilise plus et à prendre régulièrement des pauses des plateformes qui lui semblent accablantes.

Enfin, commencez à l'impliquer dans les décisions familiales liées à la cybersécurité. Demandez-lui de vous aider à configurer de nouveaux appareils de manière sécurisée, à vérifier les paramètres de confidentialité du réseau Wi-Fi ou à comparer différents gestionnaires de mots de passe. Traitez-le comme un partenaire plutôt que comme un simple utilisateur. Cela renforce sa confiance et lui montre que la responsabilité numérique est une compétence de vie et non simplement une règle de l'enfance.

Préparer votre adolescent à une vie numérique autonome ne se fait pas du jour au lendemain. Cela se construit grâce à la confiance, à l'expérimentation et à la croissance personnelle. Il commettra des erreurs, mais ces erreurs deviendront des occasions d'apprentissage si vous réagissez avec patience plutôt qu'avec panique. L'objectif ultime n'est pas seulement la sécurité, mais la maturité numérique — la capacité de prendre de bonnes décisions même lorsque personne ne regarde.

## L'Histoire Surprise Des Réseaux Sociaux

Jordan, âgé de dix-sept ans, était enthousiaste à l'idée de postuler à son premier stage. Il s'agissait d'un poste à distance rémunéré au sein d'un organisme à but non lucratif qu'il avait découvert grâce à une publication sur les réseaux sociaux. Il cliqua sur le lien, téléversa son curriculum vitæ et remplit rapidement un formulaire. Quelques heures plus tard, il reçut une réponse :

« Félicitations ! Vous avez été sélectionné pour une entrevue. Veuillez fournir votre numéro de téléphone, votre adresse complète et une copie numérisée de votre carte étudiante. »

Quelque chose lui semblait étrange. Le courriel était rédigé dans un anglais approximatif, l'adresse de l'expéditeur paraissait suspecte et le site Web avait disparu lorsqu'il tenta d'y retourner. Pour la première fois, Jordan décida de demander l'aide de son père, Marcus.

Marcus l'écouta attentivement et le félicita pour son intuition. Ensemble, ils firent des recherches sur l'entreprise et découvrirent un avertissement dans une base de données répertoriant les arnaques liées à l'emploi. L'offre était fausse.

Jordan poussa un soupir de soulagement.

« J'étais à deux doigts de leur donner toutes mes informations », dit-il. « Tout semblait pourtant réel. »

Ce soir-là, ils discutèrent pendant des heures. Marcus ne le réprimanda pas et ne lui fit aucun reproche.

« Ce genre de chose arrive à tout le monde, même aux adultes », lui expliqua-t-il. « Ce qui compte, c'est ce que nous en apprenons. »

Il lui montra comment repérer les courriels d'hameçonnage, vérifier la légitimité d'un site Web et utiliser une adresse électronique secondaire pour les candidatures à des emplois.

Le lendemain, ils passèrent en revue les comptes de réseaux sociaux de Jordan.

« Si un employeur cherche ton nom sur Internet, que voit-il ? » demanda Marcus.

Le compte TikTok de Jordan était rempli de mèmes, amusants mais quelque peu immatures. Son compte Instagram comportait quelques légendes provocatrices.

« Rien de catastrophique », dit Marcus, « mais ce n'est peut-être pas la première impression que tu souhaites donner. »

Jordan acquiesça. Ensemble, ils rendirent ses comptes privés et créèrent un profil LinkedIn professionnel, clair et authentique.

Quelques semaines plus tard, Jordan reçut une véritable offre d'emploi. Cette fois, il était prêt. Il vérifia le domaine de l'expéditeur, effectua des recherches sur les dirigeants de l'entreprise et posa des questions pertinentes lors de l'entrevue.

« Merci de m'avoir appris à vérifier les choses par moi-même », dit-il à son père par la suite. « J'ai l'impression de vraiment savoir ce que je fais maintenant. »

Leurs conversations devinrent plus profondes. Un soir, Jordan parla à Marcus d'une discussion de groupe qui avait pris une tournure méchante, plusieurs amis se moquant d'un autre élève dans son dos.

« Qu'est-ce que je devrais faire ? » demanda-t-il.

Marcus ne lui donna aucun ordre.

« Selon toi, quelle est la bonne chose à faire ? »

Après un long silence, Jordan répondit :

« Je crois que je vais quitter la discussion. Et peut-être prendre des nouvelles du garçon qu'ils ciblent. »

Peu à peu, Jordan commença à assumer pleinement ses choix. Il désactiva les notifications pendant ses heures d'étude. Il supprima plusieurs applications qu'il trouvait épuisantes. Il aida même sa jeune sœur à configurer sa nouvelle tablette en s'assurant que tous les paramètres de confidentialité étaient correctement protégés.

Le jour de la remise des diplômes, Marcus sourit en regardant son fils s'adresser à sa classe.

« Le monde est complexe », déclara Jordan dans son discours, « mais nous avons les outils nécessaires pour le comprendre – en ligne comme hors ligne. »

C'était évident : Jordan n'était pas seulement à l'aise avec la technologie. Il avait acquis une véritable maturité numérique. Et tout avait commencé le jour où quelqu'un lui avait fait suffisamment confiance pour lui apprendre à réfléchir par lui-même plutôt qu'à simplement suivre des règles.

# Épilogue : Élever Des Citoyens Numériques Pour Un Avenir Plus Sûr

L'objectif de ce guide n'a jamais été de vous faire peur ni de vous submerger d'inquiétudes. Son objectif a toujours été de vous outiller. Parce qu'éduquer des enfants à l'ère numérique exige bien plus que des restrictions d'appareils et des mots de passe sécurisés — cela exige un changement de perspective. Nos enfants ne se contentent pas d'utiliser la technologie ; ils grandissent à l'intérieur de celle-ci. Ils y construisent des relations, y apprennent, s'y expriment et y façonnent leur identité. Cela signifie que nous, en tant que parents et personnes responsables, devons évoluer à leurs côtés.

La cybersécurité n'est plus une question de solutions temporaires. C'est un mode de vie. C'est le langage que nous utilisons autour de la table lorsque nous demandons à nos enfants ce qu'ils ont vu en ligne aujourd'hui. C'est la routine que nous instaurons lorsque nous mettons nos téléphones de côté pendant les moments en famille ou lorsque nous parlons ouvertement des émotions provoquées par les réseaux sociaux. C'est la culture que nous créons lorsque nous valorisons les choix judicieux, remettons en question les tendances virales et soutenons nos enfants dans leurs erreurs au lieu de les faire honte.

Oui, il existe des dangers : la cyberintimidation, les prédateurs en ligne, les arnaques, l'exposition à des contenus inappropriés et la dépendance numérique. Mais il existe également d'immenses possibilités : entrer en contact avec des personnes de différentes cultures, apprendre auprès des meilleurs enseignants du monde, trouver des mentors, bâtir des communautés et créer. Notre rôle n'est pas d'éloigner nos enfants de la technologie, mais de leur apprendre à y vivre avec sagesse, intention et confiance.

Si vous avez suivi chaque chapitre de ce guide, vous possédez maintenant une base solide :

Vous comprenez les univers numériques dans lesquels vivent vos enfants.

Vous savez comment établir des limites saines sans briser la confiance.

Vous avez découvert des outils de contrôle parental et appris comment transférer progressivement les responsabilités.

Vous avez appris à enseigner la pensée critique et à soutenir la santé émotionnelle dans l'espace numérique.

Vous avez vu comment construire une culture familiale où la cybersécurité est une valeur partagée et continue.

Et surtout, vous avez commencé à transformer votre rôle : celui d'un simple gardien de règles en celui d'un mentor numérique.

Vous n'avez pas besoin de connaître toutes les réponses. Vous n'avez pas besoin d'être un expert en cybersécurité. Vous devez simplement être présent, informé et prêt à évoluer. Car la plus grande protection dont dispose votre enfant n'est pas un logiciel. C'est vous. Votre présence, votre intérêt, votre volonté d'écouter et d'apprendre avec lui. C'est cela qui fait toute la différence.

À partir d'aujourd'hui, continuez à vous adapter. De nouvelles plateformes apparaîtront. De nouvelles menaces émergeront. Mais de nouvelles occasions de créer, de contribuer et de tisser des liens verront également le jour. Restez curieux. Continuez à demander à vos enfants quelles sont leurs applications préférées, quels nouveaux jeux ils découvrent ou quelles expériences ils vivent en ligne. Laissez-les vous enseigner certaines choses. Et lorsque quelque chose se passera mal — car cela arrivera inévitablement — soyez l'endroit sûr vers lequel ils reviendront.

Un jour, ils seront seuls. Ils prendront des décisions concernant le partage, la publication, les réponses, la confiance et la confidentialité sans que vous soyez là pour les guider.

Mais les valeurs que vous leur aurez transmises, les conversations que vous aurez eues et l'exemple que vous aurez donné continueront de les accompagner. Ils entendront votre voix dans leur esprit :

« Est-ce sécuritaire ? »

« Est-ce judicieux ? »

« Cela va-t-il m'aider ou me nuire ? »

Et peut-être, un jour, transmettront-ils ces mêmes leçons à leurs propres enfants.

Au final, il ne s'agit pas seulement de protéger les appareils de votre enfant. Il s'agit de protéger sa dignité, son avenir, sa confiance en lui et la personne qu'il devient, en ligne comme hors ligne. Et c'est une mission qui mérite votre engagement chaque jour.

## Avant De Terminer, Parlons De L'Histoire De La Famille Flores

C'était un doux dimanche soir, et la famille Flores était réunie autour du foyer extérieur dans la cour arrière. Les enfants, Nia, seize ans, et Dylan, douze ans, faisaient griller des guimauves tandis que leurs parents, Miguel et Janessa, discutaient de la semaine à venir. Pour une fois, personne n'était sur son téléphone. Aucun écran. Aucune musique de fond. Seulement des histoires, des rires et les étoiles.

Plus tôt dans la journée, Dylan avait aidé son père à mettre à jour les paramètres de sécurité du réseau Wi-Fi familial. Nia avait montré à sa mère comment activer l'authentification à deux facteurs sur ses réseaux sociaux. Ces moments faisaient désormais partie de leur quotidien. Ils étaient devenus naturels, sans contrainte.

Cela n'avait pourtant pas toujours été ainsi. Il y avait eu des disputes, des limites à établir et des erreurs à corriger. Comme la fois où Nia avait cliqué sur une fausse publicité de bourse d'études. Ou lorsque Dylan s'était emporté dans une discussion de jeu en ligne et avait dit quelque chose qu'il regrettait. Mais chaque fois, au lieu de punir, Miguel et Janessa avaient choisi de s'impliquer davantage. Ils avaient transformé les incidents en occasions d'apprentissage. Les conversations avaient remplacé les sermons. La confiance avait remplacé la peur.

Peu à peu, quelque chose d'extraordinaire se produisit : les enfants commencèrent à gérer eux-mêmes leur temps d'écran. Ils commencèrent à se poser des questions avant de publier du contenu. Ils choisirent de meilleurs mots de passe. Ils apprirent à reconnaître lorsque certains contenus les rendaient anxieux et à prendre du recul lorsque nécessaire. Non pas parce qu'une règle l'exigeait, mais parce qu'ils avaient appris à reconnaître les signes et à s'écouter eux-mêmes.

Nia anima même un atelier à l'école intitulé « Réfléchis Avant De Cliquer ». Dylan réalisa une affiche sur les arnaques par hameçonnage pour un projet scolaire. À la maison, toute la famille participa à la création de nouvelles traditions numériques, comme les « Vendredis Sans Écran » et le « Grand Ménage Cybernétique Du Printemps », au cours duquel ils passaient en revue leurs comptes, supprimaient les anciennes applications et définissaient de nouvelles intentions numériques.

Ce soir-là, autour du feu, Miguel regarda sa famille et ressentit quelque chose de rare à l'ère de l'hyperconnectivité : la paix. Il réalisa qu'ils ne se contentaient pas de survivre à la vie numérique. Ils s'y épanouissaient. Ils avaient créé un foyer où les erreurs étaient accueillies avec bienveillance, où les questions étaient encouragées et où chacun avait son mot à dire sur l'utilisation de la technologie.

Janessa se tourna vers les enfants et demanda :

« Quelle est la chose la plus importante que vous avez apprise cette année sur la vie en ligne ? »

Dylan répondit :

« Que tout n'est pas toujours ce qu'il paraît. Et qu'il est normal de s'éloigner lorsque quelque chose ne semble pas juste. »

Nia ajouta :

« Que la vie privée est une forme de pouvoir. Et que c'est moi qui décide de ce que l'Internet peut voir de moi. »

Miguel et Janessa échangèrent un sourire.

Ils n'avaient pas toutes les réponses. Mais ils possédaient quelque chose de mieux : une culture familiale où la vie numérique était discutée ouvertement, explorée ensemble et guidée par l'amour plutôt que par la peur.

Et à cet instant, sous les étoiles, avec des doigts collants de guimauves et le cœur rempli de gratitude, ils le savaient : leurs enfants étaient prêts.

Non pas à être parfaits.

*Mais à être préparés.*

www.ingramcontent.com/pod-product-compliance
Lightning Source LLC
LaVergne TN
LVHW040521210926
848480LV00007BA/1545